ENTRADA

Sonja T. R. Allgaier

TANGO ARGENTINO

Sonja T. R. Allgaier

TANGO ARGENTINO IN BUENOS AIRES

terra magica

Buenos Aires – el viento del puerto,
llevando los sonidos del Tango.
Tango, sinónimo de tradición y
sin embargo desarrollando la mundanalidad.
Espejo de hombre y mujer,
marcado de alegría,
tristeza y esperanza.
La gracia de una ciudad, Tango,
el amor eterno ...

Sonja T. R. Allgaier

Buenos Aires – der Wind vom Hafen,
die Klänge des Tangos tragend.
Tango, Synonym für Tradition und
sich dennoch entwickelnde Weltlichkeit.
Ein Spiegel von Mann und Frau,
geprägt von Leichtigkeit,
Trauer und steter Hoffnung.
Die Anmut einer Stadt, Tango,
die ewige Liebe ...

Sonja T. R. Allgaier

IDEAL
CONFITERIA

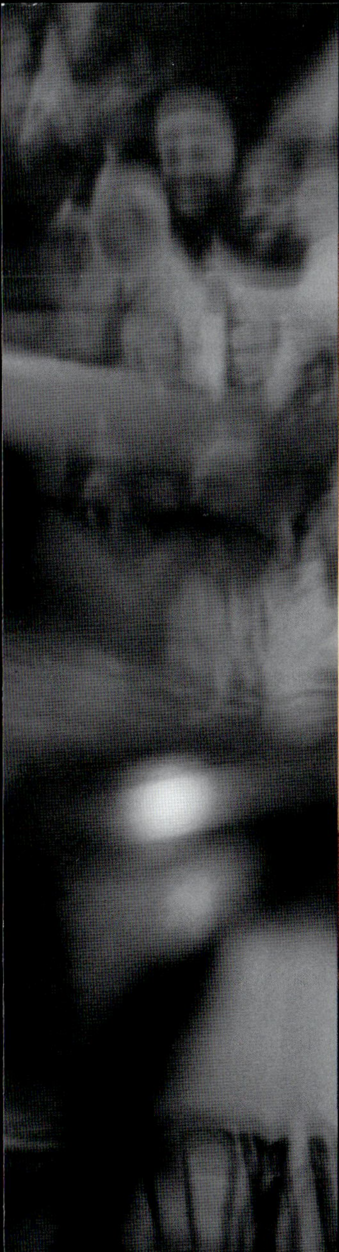

CAFE TORTONI

ENTRADA
CENTRO de EXPOSICIONES
CAMINITO
TANGO
BAR-CAFE
ARTE

SOUVENIRS
ARTESANIAS
REGIONALES
FOTOGRAFIA

BALCARCE
ALMACEN

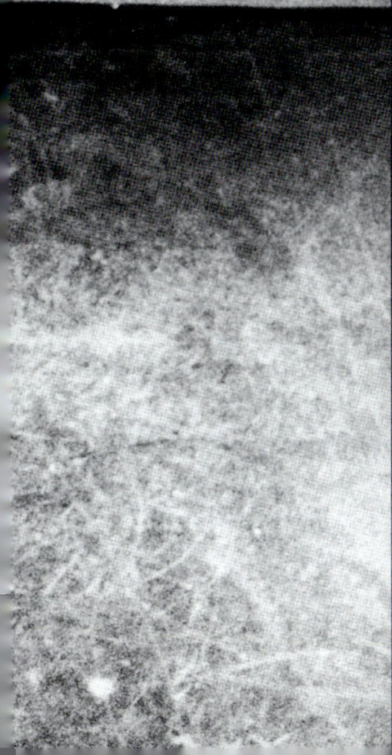

ESQUINA
HOMERO MANZI
HOMERO MANZI
HOMERO MANZI

1921
EDESUR S.A
PELIGRO
HAY TENSION

POOL
CAFETERIA
SANDWICHS
MINUTAS
PASTAS
PIZZETAS
CERVEZAS
PICADAS

Carlos Gardel
Alfredo Le Pera

54-11-4300-8221
QUINA
NGO
Pje San Lorenzo esq.
Balcarce
San Telmo

de
BEBIDAS

"TANGO"
G.C.B.A

ayer y hoy

SOCIA

La Sarita

Coca-Cola
Coca-Cola

Argentin

BRE 24
ermarak
SANTO
SKA
TENGAN GANAS
DS 1712
ENTRE RIOS
ULTURAL
K EN VIVO
314

ALO SANTO
13H SKA
HASTA QUE TENGAN GANAS
CASEROS Y ENTRE RIOS
TRIVENCHI

PRIMO HOMBRES

El Trust
JOYERO

ORTALES
MIGUEL ANGEL RODRIGUEZ
LA JAULA DE LAS LOCAS
ALBERTO MARTIN
RICKY PASHKUS
La Pasta Fr
ARCOR
PEPSI
GRAN

DIEGO CAPUSSOTTO
Camelot

BAR-

Dandi

E
AQUI

VIGILADO

MAUREEN'S
NICOLA

LA BANDA DEL PICHON
MIGUEL
PAZ
EDU
HUMBERTO

BAR SUR
UNION BAR

BAR SUR
UNION BAR
Maestro

BAR SUR
UNION BAR
PROHIBIDO FUMAR
Maestro

BAR SUR
UNION BAR

MUSICA : C. GARDEL
ALBA
ESPACIO CULTURAL

Quilmes
BAR

Confitería Ideal

VOLVER
LETRA: A. LE PERA
MUSICA: C. GARDEL
PIANO

Mujer,
vientre
ue preserva
vida p
la vida

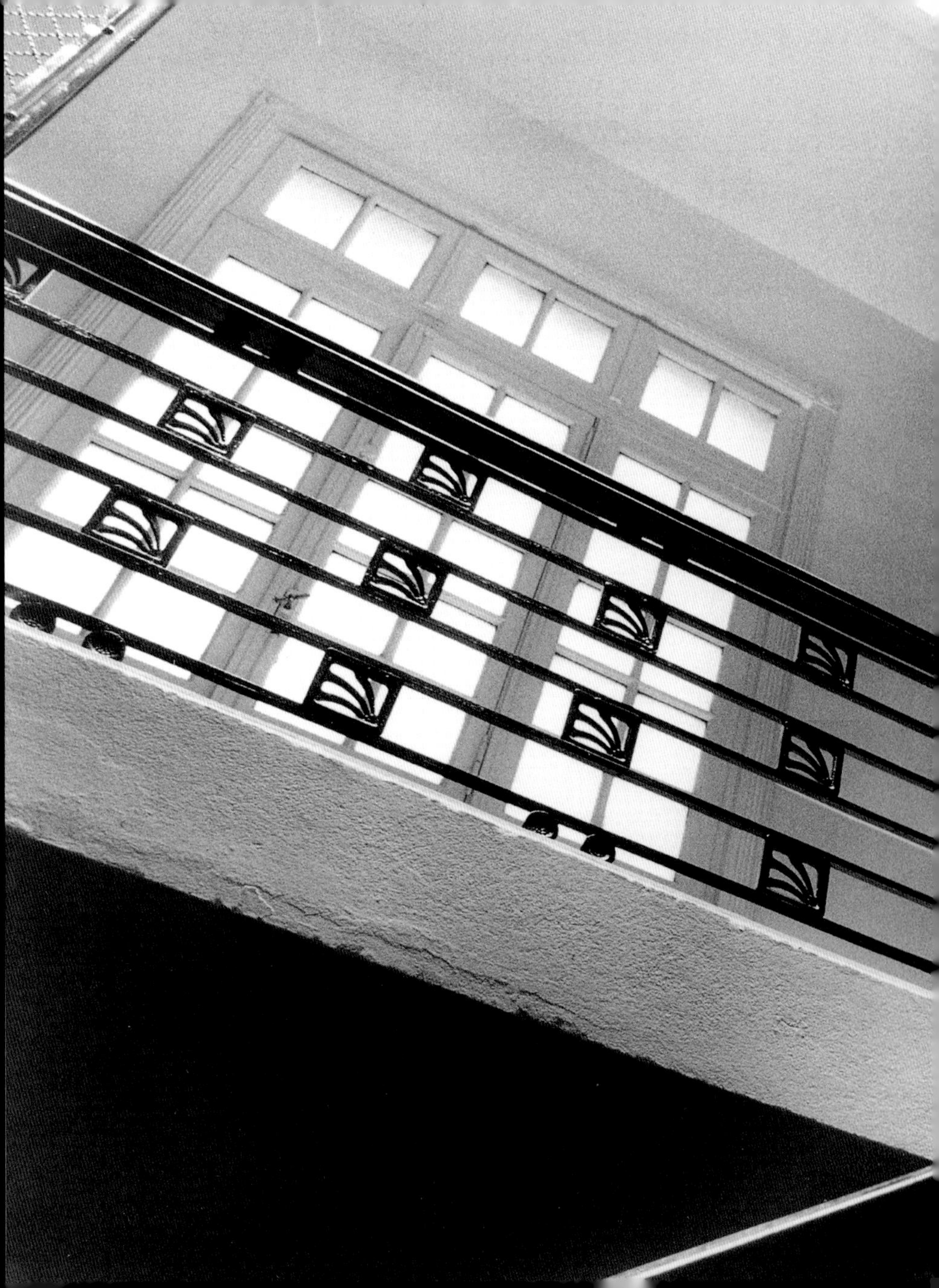

02
Rosita, San Telmo,
© Daniel Flores.

06/07
»Escuela de Tango«
(Tango-Schule) von
Rodolfo Dinzel,
Villa Crespo.

08
Ernesto und Stella,
»Confitería Ideal«,
Microcentro.

09
Die »Confitería Ideal«,
eine der ältesten
Milongas von
Buenos Aires,
Microcentro.

10
Jonatan und Monica,
Recoleta,
© Daniel Flores.

11
Gespanntes Warten
auf die Tango-Show,
»Confitería Ideal«,
Microcentro.

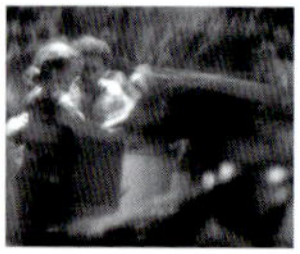

12
Der »Salon Canning«,
Palermo.

13
Der »Salon Canning«,
Palermo.

14
José Vazquez und
Flavia Cristaldo.

15
Theater im
»Café Tortoni«,
Microcentro.

16
José Vazquez und
Flavia Cristaldo.

17
Arbeiter im einstigen
Arbeiterviertel La Boca.

18/19
Haus in der Straße
»El Caminito«, La Boca:
Carlos Gardel, Evita
und Diego Maradona.

20
Juleto, Calle Florida,
© Daniel Flores.

21
Typische Fassaden
im Stadtviertel La Boca.

22
Das »Viejo Almacén«,
San Telmo.

23
Tänzer vor dem Auftritt
im »Viejo Almacén«,
San Telmo.

24/25
»Tango nuevo«,
Pablo Kliksberg und
Laura de Altube.

26
Hugo und Monica,
La Boca,
© Daniel Flores.

27
Die »Chacarera«,
argentinischer Volks-
tanz, im »La Catedral«,
Almagro.

28
»El escenario«
(die Bühne), San Telmo,
© Roberto M. Sanz.

29
Tango-Bar im
Stadtviertel Boedo.

30/31
»El filetero«
(Dekorations-Maler),
Kunst als Beruf, Abasto.

32
Rosita, Calle Florida,
© Daniel Flores.

33
Tango-Schuhe.

34
Der Musiker und
Tango-Tänzer
Roberto Díaz.

35
»El farol« (Laterne),
La Boca.

36
José Vazquez und
Flavia Cristaldo.

37
Tango-Schuhe.

38
Pablo Kliksberg und
Laura de Altube.

39
Arbeiter im Microcentro,
dem Geschäftszentrum
in der Nähe des
Obelisken.

40
»Los hermanos«
(die Brüder),
© Roberto M. Sanz.

41
Das Foto-Museum
und Café, Chacarita.

42/43
Wandmalerei,
San Telmo.

44
Ivan Romero und
Marcela Vespociano
im »Salon Canning«,
Palermo,
© Daniel Flores.

45
»Bar Roberto«,
Almagro.

46
Show in der Milonga
»La Nacional«,
Monserrat.

47
»Milonguero«
(Tango-Tänzer)
»El Tano« im
»Salon Canning«,
Palermo.

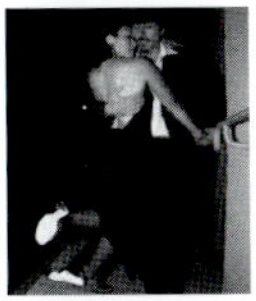
48
José Vazquez und
Flavia Cristaldo.

49
Wandmalerei,
San Telmo.

50/51
Tanzschule von
Rodolfo Dinzel,
Villa Crespo.

52
Show in der Milonga
»La Nacional«,
Monserrat.

53
Tango-Orchester
in den Straßen von
La Boca.

54
Milonga
»El social«.

55
Bandoneón.

56
»Pepe« Carlos José Rojo
und Asnat Y. Ricardo.

57/58/59
Musiker und
Tango-Tänzer
Roberto Díaz.

60
Die Milonga
»Niño bien«,
Monserrat.

61
Sergio und Alejandra
in der Milonga
»Porteño y Bailarín«,
Balvanera,
© Daniel Flores.

62
Hugo und Laura
in La Boca,
© Roberto M. Sanz.

63
»Café Roma«, Abasto.

64/65
Tanzschule von
Rodolfo Dinzel,
Villa Crespo.

66/67
Asnat Y. Ricardo,
San Telmo.

68/69
Das Nachtleben
von Buenos Aires.

70/71
»El obelisco«
(der Obelisk),
Calle Corrientes,
San Nicolás.

72
»Porteños« (Einwohner
von Buenos Aires) in der
Milonga »La Nacional«,
Monserrat.

73
Tango,
das vierbeinige Tier.

74
»Bar Sur«, San Telmo.

75
José Vazquez und
Flavia Cristaldo.

76
Tango als Tanz der
Umarmung, Tanzschule
von Rodolfo Dinzel,
Villa Crespo.

77
Fabio und Carolina,
© Roberto M. Sanz.

78/79
»Los Dinzels«,
Milonga von Rodolfo
und Gloria Dinzel,
San Telmo.

80
Straße im Viertel
Abasto.

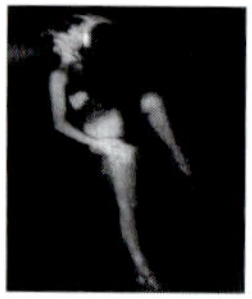

81
Fabio und Carolina,
© Roberto M. Sanz.

82
»La Tanguera«
(die Tango-Tänzerin)
Flavia Cristaldo.

83
Straßenszene im
Viertel Once.

84/85
Die Milonga
»La Nacional«,
Monserrat.

86
»Los maestros«
(die Meister) Osvaldo
und Coca im
»Salon Canning«,
Palermo.

87
»Café Dorrego«,
San Telmo.

88
José Vazquez und
Flavia Cristaldo.

89
Fassade in La Boca.

90/91
»Pepe« Carlos José Rojo
und Asnat Y. Ricardo.

92
Tango-Souvenir.

93
Angela,
© Daniel Flores.

94/95
Carlos Gardel,
Wandmalerei,
Abasto.

96
»Gardelito«,
San Telmo,
© Daniel Flores.

97
»Bar Roberto«,
Almagro.

98
Musiker und
Tango-Tänzer
Roberto Díaz.

99
Carlos Gardel,
Grabstätte auf dem
Friedhof in Chacarita.

100/101
Die »Confitería Ideal«,
Microcentro,
© Daniel Flores.

102
»La Milonga« in den
Straßen von San Telmo,
© Roberto M. Sanz.

103
»Orquesta Típica»
(typisches Orchester)
in der »Confitería
Ideal«, Microcentro.

104
»El bailarín«
(der Tänzer).

105
Theater
»Esquina Carlos
Gardel«, Abasto,
© Roberto M. Sanz.

106/107
»Volver« (heimkehren),
Wandmalerei, Abasto.

108
Jonatan und Daniela,
San Telmo,
© Roberto M. Sanz.

109
Buenos Aires,
die Stadt der
Begegnungen …

110
»La Milonga«,
San Telmo,
© Roberto M. Sanz.

111
»Café Dorrego«,
San Telmo.

112
Pablo Kliksberg und
Laura de Altube.

113
»La mujer« (die Frau),
Wandmalerei,
Parque Patricios.

114/115
»Encuentros«
(Begegnungen) in einer
Schule in San Telmo,
© Roberto M. Sanz.

Reproduktionen: Digitales Medienhaus Namisla, München
Printed in EU
ISBN 978-3-7243-1017-4

Besuchen Sie uns im Internet unter www.terramagica.de